I0461797

A tous les membres de la compagnie DO HIT

CONTACT
michael.placier@gmail.com
https://www.facebook.com/michael.placier/
https://www.facebook.com/compagnieDOHIT/

©Michaël Placier

ISBN 978-0-244-34129-9

Michaël PLACIER

Germinal

D'après le roman d'Emile ZOLA
Livret intégral de la comédie musicale écrite et mise en scène par
Michaël PLACIER

Le mot du président...

Cette année l'ensemble A Capella fête ses 50 ans.

A événement exceptionnel, spectacle exceptionnel. Nous avons souhaité fêter cet anniversaire et faire en sorte qu'il reste gravé dans l'histoire de notre association. Pendant toutes ces années, nous avons proposé, à différentes étapes de notre aventure, des comédies musicales comme « La Révolution dans le Haut-Maine » en 1989 et « Notre-Dame de Paris » en 1997, et pour rester fidèle à cette tradition, Michaël, notre chef de chœur, vous propose pour le cinquantenaire, un spectacle inédit d'après le roman d'Emile Zola : GERMINAL, comédie musicale électro-rock, dont il a écrit les paroles et composé les musiques : 25 textes retraçant la vie des mineurs et la condition sociale à la fin du 19ème siècle.

35 choristes, dont 14 solistes, évolueront tout au long du spectacle avec costumes, des accessoires et une mise en scène appropriés aux différents tableaux.

Les décors ont été confectionnés avec soins par notre dizaine de techniciens. Ils ont fait en sorte que le détail vous transporte au cœur de la mine, lieu central de ce roman...
[...]
Merci à vous cher public, vous êtes par votre présence la récompense de toute une année de travail et un encouragement pour les années à venir.

Bon spectacle
Daniel GARREAU
Président de l'Association A Capella

PREFACE

Chaque année, chaque spectacle et chaque membre de ces derniers sont uniques !

Ce spectacle je l'ai vécu en tant qu'acteur, je ne peux donc savoir la sensation ressentie par les spectateurs ou encore les lecteurs à travers ce livre. Ce qui est sûr c'est que pour ma part il a été et restera *germinalesque.*

Ce spectacle est un ensemble d'acteurs qu'ils soient jeunes ou un peu plus âgés mais quoi qu'on en dise, il a permis d'unir chacun d'entre nous d'une façon ou d'une autre, j'en suis la preuve.

Arrivé dans le groupe cette année-là en tant que choriste dans le groupe Ensemble A Capella et ancien Queniaux, l'appréhension peut-être plus ou moins importante mais au fil de l'année, des répétitions et même des spectacles j'ai appris petit à petit à connaître et à sympathiser avec les différentes personnes sans le moindre obstacle... Bien au contraire.

Dans cette création de Michaël Placier, inspirée du roman *Germinal* d'Emile Zola, je fus le temps d'une année Jeanlin, enfant de mineur, âgé de 11 ans qui lui-même descendait par l'ascenseur dans la fosse. Je suis fier d'avoir pu m'impliquer autant dans cette comédie musicale. Il faut le dire ce n'était pas un pari gagné mais cela a été un véritable succès.

Ce personnage de Jeanlin meurt dans la réadaptation de Michaël Placier ce qui n'est pas le cas dans l'histoire d'Emile Zola puisque c'est son frère Zacharie qui succombe à l'explosion de la mine causée par Souvarine. De ce fait en tant que lecteur vous pourrez approcher la mort de Jeanlin l'instant d'une chanson, *Ce n'est rien*, qui montre l'arrivé de ce dernier au « paradis », accueilli par son père.

Jouer ce personnage sur scène a été un réel plaisir. Il est certes d'une façon, secondaire mais prend une grande place sur scène dans un premier temps dans la mise en scène mais aussi dans les divers chants où il est mentionné ou encore dans lesquels lui-même s'exprime.

Sur scène on prend beaucoup de plaisir, c'est une histoire d'adaptation pour ce qui est du reste. On peut ressentir la complicité de tous. Une complicité associée à des moments de fous rire mais aussi de travail. Tous les acteurs, que ce soient les chanteurs mais aussi les techniciens à la régie, aux lumières, dans les coulisses, tout le monde s'est mis au travail afin de rendre ce 50ème anniversaire, un évènement inoubliable.

Certains moments de ce spectacle resteront gravés dans mon cœur. J'en citerai seulement trois. Tout d'abord lors de l'avant-première, j'étais avec Michaël Placier et trois autres choristes du même âge que moi. En tant qu'acteurs dans une comédie musicale et de ce fait avant le premier concert, comme dans toute avant-première dans les théâtres parisiens, mes amis et moi nous avons reçu chacun un présent symbole de chance et de bonheur par Michaël Placier.

Ce symbole différent et unique pour tous représentait d'une façon ou d'une autre notre complicité certaine. Bien sûr nous fîmes de même et offrîmes à Michaël un cadeau unique en son genre.

Le second moment était de même dans les coulisses nous étions en train de parler et un évènement, élément créant l'amusement de tous vînt s'insérer dans notre conversation… « *Les bateaux mouchoirs* »…

Le dernier moment est sûrement le plus marquant pour moi, il s'agit du duo entre Michaël Placier et moi-même pour lequel nous interprétions respectivement les rôles de Maheu et de Jeanlin. Un moment mêlant complicité, sensibilité et professionnalisme.

Ces moment sur scène ou encore dans les coulisses sont tellement intenses que le lendemain on a juste une envie : y retourner. Si bien que lorsque nous sommes obligés de revenir à la réalité, un sentiment d'abandon ce fait ressentir. On se sent délaissé, on se remémore tous ces bons souvenirs mais heureusement on pense aux prochains spectacles qui rallumeront la flamme qui s'est, le temps d'une année, éteinte.

Seulement *Germinal* est unique en son genre. C'est un spectacle vivant et sensationnel. Alors plongez dans notre univers qu'est la scène mais aussi dans ce réel chef d'œuvre qu'est la comédie musicale *Germinal* inspiré du roman d'Emile Zola, retranscrite dans ce livre par Michaël Placier auteur, compositeur et interprète.

Charly BENAUD
Novembre 2017

Michaël PLACIER

Germinal

D'après le roman d'Emile ZOLA

Livret de la comédie musicale
écrite et mise en scène par
Michaël PLACIER

Spectacle créé par L'ENSEMBLE A CAPELLA
Samedi 23 septembre 2017
Salle Léon Besnardeau de Sillé le Guillaume

Germinal

D'après le roman d'Emile ZOLA
Paroles et musique
Michaël PLACIER

ACTE PREMIER

ACTE PREMIER – Scène 1
UN NOUVEAU JOUR

EMILE ZOLA :

Dans la plaine rase... Sous la nuit sans étoile... D'une obscurité et d'une épaisseur d'encre... Un homme suivait seul la grande route de Marchiennes à Montsou, dix kilomètres de pavés coupant tout droit à travers les champs de betteraves. Devant lui, il ne voyait même pas le sol noir, et il n'avait la sensation de l'immense horizon plat que par les souffles du vent de mars, des rafales larges comme sur une mer, glacés d'avoir balayé des lieues de marais et de terres nues. Aucune ombre d'arbre ne tachait le ciel... Le pavé se déroulait avec la rectitude d'une jetée... Au milieu de l'embrun aveuglant des ténèbres...

LES HOMMES

Les feux de la mine
Remplacent le soleil
Le coron s'anime
Dans un demi-sommeil
Les mêmes gestes et les mêmes peurs
Une chienne de vie dans les mêmes couleurs

10

LE CHOEUR

Quatorze heures de peine
Dans le froid sous la pluie
Quatorze heures de chaîne
Pour mériter la vie
Les mêmes cris et les mêmes douleurs
Une peste de vie qui n'a pas de valeur

Terre du Nord
Terre de misère
Scène sans décor
Aux soleils éphémères
Les mêmes gestes
Les mêmes peurs
La même vie dans les mêmes douleurs
Un nouveau jour se lève sur les terrils
Un nouveau jour ainsi soit-il !

2 MINEURS

Sainte Barbe protège moi
Ne me laisse pas au fond du trou !
Sainte terre épargne moi
Ta colère et le grisou
Si je t'abîme si je t'écorche
C'est pour gagner mon pain
Si je te brise sous ma pioche
C'est pour ma femme et mes gamins.
Qu'on me donne la chance
De m'en sortir
Qu'on me donne la chance
De voir mes enfants grandir !

(Au refrain)

FEMMES DE MINEUR
Je n'en peux plus de la misère
Des coups du sort et du mépris
De la noirceur des houillères
D'un avenir vêtu de gris
Des jours sans fin où l'on a peur
Que la nature prenne ses droits
Et qu'elle déchaine ses humeurs
Sur nos maris qui la fossoient

FEMMES & MINEURS
Qu'on me donne la chance
De m'en sortir
Qu'on me donne la chance
De voir mes enfants sourire

(Au refrain)

ACTE PREMIER - Scène 2
L'ETRANGER DE MONTSOU

DANSEART
Eh là-bas toi l'étranger
Que diable fais-tu dans le coin ?

ETIENNE
Je veux juste me réchauffer
Je veux du travail mais il n'y a pas de besoin

12

DANSEART
Prends bien garde toi l'étranger
Nous n'aimons pas les marginaux
Ils font bonne mine sans l'air d'y toucher
Et vous achève d'un coup de couteau

ETIENNE
J'ai les mains propres et ma conscience pour moi
Je ne suis qu'un médiocre qui meurt de froid
Balayé par les vents qui m'ont conduit ici
Je n'suis pas un mendiant
Mais un torrent de vie

ETIENNE
Je m'appelle Etienne Lantier
Y-a-t-il du travail par ici ?
Je suis machineur c'est mon métier
Je peux vous aider je suis d'la partie

LE CHŒUR
Eh là-bas toi l'étranger
On n'a pas besoin d'avorton
Qui sait p't'être lire, qui sait machiner
Qui est tout juste bon à compter le pognon !

ETIENNE
J'ai les mains propres et ma conscience pour moi
Je ne suis qu'un médiocre qui meurt de froid
Balayé par les vents qui m'ont conduit ici
Je n'suis pas un mendiant
Mais un torrent de vie

LE CHŒUR
(En contre chant avec Etienne)
Va-t'en d'ici
On n'veut pas d'étranger au coron
D'étranger dans nos rangs
Ou de vers dans la pomme
Tu n'as pas ta place
Va-t'en vaurien
Ou prends garde aux chiens !

ACTE PREMIER - Scène 3
LA LETTRE

ETIENNE
Que pensera maman
A la lecture de ces feuillets
Quand après tout ce temps
Je livrerai la vérité
Je la vois sur son banc de bois
Tapie au fond de sa mansarde
Et je sens battre là en moi
Son petit cœur qui se lézarde

Je suis né dans la rue
Dans l'eau salie des caniveaux
Né d'un malentendu
Sur une lame de couteau
Une enfance noyée dans l'alcool
Sous la menace les coups les cris
Une jeunesse qui s'étiole
Dans un misérable gâchis

14

Moi qui n'étais rien je ne suis
Rien devenu
Moi qui voulais tout
Je n'ai jamais rien obtenu
Je n'ai pas eu de place au soleil
Couché dans la campagne
Pas d'enfant qui sommeille
Au sein d'une femme

J'ai laissé derrière moi
Tout ce qui entachait ma vie
Les dèches d'autrefois
Les quais, les rue du vieux Paris
Un matin j'ai claqué la porte
Troquant mon matelas de foin
Contre un tapis de feuilles mortes
Un sac et un croûton de pain

De villages en villages
J'ai traversé tout le pays
En croyant tourner la page
Sur cette partie de ma vie
J'espérais trouver la fortune
Je n'ai eu que des illusions
Et là ce matin sous la lune
Je ne suis plus rien qu'un vagabond

Moi qui n'étais rien je ne suis
Rien devenu
Moi qui voulais tout

Je n'ai jamais rien obtenu
Je n'ai pas eu de place au soleil
Couché dans la campagne
Pas d'enfant qui sommeille
Au sein d'une femme

ACTE PREMIER - Scène 4
FAIS POUR L'ENFER

EMILE ZOLA :

Etienne venait d'entrer au Voreux et les hommes auxquels ils s'adressaient hochaient la tête ou lui tournaient le dos, ne cherchant pas à savoir qui il était et ce qu'il cherchait...

La fosse, tassée au fond d'un creux, avec ses constructions trapues de briques, dressant sa cheminée comme une corne menaçante, lui semblait avoir un air mauvais de bête goulue, accroupie là pour manger le monde...

Le jeune homme erra longtemps sur la vague de cette marée humaine, noire de crasse, qui manipulait pelles et pioches, berlines et lampes à huile dans un effroyable rythme de marche funèbre...

Soudain, Etienne fut rattrapé par une jeune femme frêle qui avait l'allure d'un garçon mais bel et bien le visage fin d'une fille... C'était Catherine Maheu, la fille aînée de l'un des abatteurs les plus anciens et les plus respectés de la fosse... Celui-ci, affecté à la veine Guillaume, avait perdu l'une de ses herscheuses morte la veille au retour du fond... Les herscheuses dont le travail se résumait à pousser les berlines pleines de charbon jusqu'à la cage d'ascension qui les portait à la surface, étaient fort précieuses... Une herscheuse en moins, la besogne allait souffrir... Maheu et ses deux fils, Jeanlin et Zacharie, avaient repéré cet homme qui cherchait de l'ouvrage sur le carreau de la mine... La décision fut alors prise de l'embaucher avec le soutien du Maître Porion Danseart...

ZACHARIE
Si tu sais courber le dos
En te taisant

JEANLIN
Si tu peux vivre sans repos
En travaillant

CATHERINE
Et ne boire que ta sueur
Tourmenté par tes douleurs

JEANLIN-CATHERINE-ZACHERIE-MAHEU
Etre de la chair à pognon
Comme d'autres la chair à canon

CHŒUR
Tu es fait pour l'enfer
Ici les hommes sont damnés
Sans avoir commis de péché
Des anonymes sans condition
Des âmes sans absolution
Qui hantent les rues du coron
Tu es fait pour l'enfer
Tout ce qui compte c'est l'abattage
On trime comme au Moyen Age
L'enfer du Nord n'est pas un mythe
C'est notre histoire qui est écrite
Dans les entrailles de la terre
Si tu restes ici l'ami c'est que tu es fait pour l'enfer

JEANLIN & ZACHARIE
Si tu sais crever de faim
En la fermant
Si tu sais t'arracher les mains
En sanglotant

MAHEU
Et te saouler de vin vieux

MAHEU & CATHERINE
Dans l'ivresse des malheureux

MAHEU – CATHERINE – JEANLIN & ZACHARIE
Etre de la chair à pognon
Comme d'autres la chair à canon

CHŒUR
Tu es fait pour l'enfer
Ici les hommes sont damnés
Sans avoir commis de péché
Des anonymes sans condition
Des âmes sans absolution
Qui hantent les rues du coron
Tu es fait pour l'enfer
Tout ce qui compte c'est l'abattage
On trime comme au Moyen Age
L'enfer du Nord n'est pas un mythe
C'est notre histoire qui est écrite
Dans les entrailles de la terre
Si tu restes ici l'ami c'est que tu es fait pour l'enfer
L'enfer !

18

EMILE ZOLA

Etienne crut que son cœur lâchait lorsqu'il fut englouti par la fosse...
Une lente descente dans les crissements des poulies et des câbles qui semblait durer une éternité... Après une longue marche dans les dédalles des veines, l'équipe de Maheu arriva enfin sur le chantier où les attendait déjà Chaval, un homme rustre, souvent vulgaire et célibataire mais qui gardait l'espoir d'attacher Catherine à lui afin de lui apporter à la fois une épouse et une paye de plus...
L'ingénieur Négrel était déjà à l'inspection... Il reprochait aux hommes de ne pas assez boiser les veines qui se fragilisaient de jour en jour risquant de s'effondrer sur eux... Seulement, abattre du charbon rapportait beaucoup plus que boiser les tailles... La menace d'abaisser le prix des berlines au profit du boisage planait sur les mineurs... Si tel devait être le cas, les ouvriers s'appauvriraient davantage toujours au profit de la compagnie des mines...

Pendant que les hommes était au fond, les femmes faisaient de leur mieux pour acheter ou troquer de quoi faire bouillir la marmite...

Mère et épouse depuis près de 20 ans, Maheude étaient de celles-ci... Elle avait laissé son labeur de herscheuse pour élever ses enfants au nombre de cinq... Deux fois par semaine, la pauvre se rendait à la Piolaine chez Monsieur et Madame Grégoire et leur fille Cécile qui s'achetaient une conscience en faisant la charité... Cependant, ce n'était pas de guenilles dont elle avait besoin mais d'argent pour acheter de la viande, de la chicorée et du pain... A chaque fois qu'elle demandait on le lui refusait... On lui faisait la morale... On lui disait qu'il fallait faire des économies et ne pas tout boire à l'estaminet... et à chaque fois elle repartait avec un ballot de vieilles fripes qu'elle tenterait ensuite de vendre à l'épicier Maigrat qui profitait, à sa manière, de la triste condition des femmes...

Mme GREGOIRE

Pourquoi vous plaignez-vous nous vous offrons le loyer
Loger chauffer vous n'avez plus grand-chose à payer
Comme tous les ouvriers vous vous plaisez à rêver
De goûter la vie à ne rien faire

Boire ou travailler il faut choisir
Et c'est bien trop peu de le dire
Le seul moyen de s'enrichir

Rien ne tombe tout cuit dans le bec
Il faut savoir gagner son steak
Et bien apprendre à réfléchir

Avec des si on mettrait le monde en bouteille
Avec des si on manipulerait le soleil
Avec des si on bronzerait en plein hiver
Avec des si on fermerait tous les cimetières
Avec des si on décrocherait la lune
Avec des si on irait chercher la fortune
Dans les sillons d'un joli potager
Avec des si on serait riche à en crever

Pourquoi faire des enfants de nouvelles bouches à nourrir ?
Quand la ceinture se serre la famille ne doit pas s'agrandir
Des choses de la vie il faut savoir s'affranchir
Quand la marmite doit bouillir

Boire ou épargner il faut choisir
Et c'est bien trop peu de le dire
Il faut apprendre à réfléchir

Mendier n'est pas une solution
C'est un vrai constat d'abandon
Il faut savoir se ressaisir

Avec des si on mettrait le monde en bouteille
Avec des si on manipulerait le soleil
Avec des si on bronzerait en plein hiver
Avec des si on fermerait tous les cimetières
Avec des si on décrocherait la lune
Avec des si on irait chercher la fortune
Dans les sillons d'un joli potager
Avec des si on serait riche à en crever
Avec des si on serait riche à en crever

ACTE PREMIER - Scène 6
JE N'ATTENDS PLUS RIEN DE LA VIE

MAHEUDE
Je n'attends plus rien de la vie
Si ce n'est le nécessaire
De quoi nourrir mon mari
Et le soir venu la force de le satisfaire
Dans le coron de mère en fille
Je n'avais pas d'autre horizon
Que ces nuages d'escarbilles
Et ces collines de charbon

MAHEU

Je n'attends plus rien de la vie
Si ce n'est la force de redescendre
Chaque matin au fond du puit
Et le soir venu celle de me traîner jusqu'au lit
Mes jeunes rêves se sont ternis
Dans le lourd silence des tailles
La mine m'a seulement appris
A mener mes propres batailles

MAHEU – MAHEUDE - JEANLIN – ZACHARRIE – CATHERINE

C'est un éternel recommencement
Un cercle irréel depuis la nuit des temps
Après nous viendront nos fils
De courage en sacrifices

MAHEU

En sacrifices

MAHEU

Je n'attends plus rien de la vie
Si ce n'est qu'elle me laisse aller
Un beau matin au paradis
Comme dans les sermons de ce pauvre curé
Je n'attends plus rien de la vie
Si ce n'est le nécessaire
De quoi nourrir mes petits
Et qu'ils soient si fiers
Si fiers si fiers de leur père

MAHEUDE - JEANLIN – ZACHARRIE – CATHERINE
(Contre-chant)
Mon avenir est ailleurs
Vers d'autres lieux d'autres soleils
Là où la mer touche le ciel
Là où la vie est douce et belle
Mon avenir est ailleurs
Sur des plages aux milles couleurs
Là où le sable n'est pas noir
Là où la vie est un espoir
Pour être si fiers
Si fiers
Si fiers
De ma mère (De mon père)

ACTE PREMIER - Scène 7
POUR UNE POIGNEE DE RIEN

MAIGRAT
Le kilo de lentilles
Est à une nuit d'amour
Et si elle est gentille
Ca s'ra trois topinambours
Une main glissée sous le corsage
C'est un demi pain et du fromage
Trois cents grammes de lard
Deux heures dans mon plumard
Et pour la chicorée
Deux belles cuisses à caresser

Pour une poignée de rien
Elles se glissent entre mes mains
Les filles d'ici sont faciles
Leurs mères sont tendres et dociles
Pour une poignée de rien
Elles se couchent comme des putains
Et j'aurais tort qu'on se le dise
D'laisser gâcher la marchandise

Pour un tonnelet de vin
La rondeur d'un petit sein
Et la livre d'abats
Une à deux heures dans mes draps
Une main glissée sous la chemise
Pour un gobelet de friandises
Pour le lait le café
Une nuit sur l'oreiller
Quant au litre de bière
Il se paie dans ma garçonnière

Pour une poignée de rien
Elles se glissent entre mes mains
Les filles d'ici sont faciles
Leurs mères sont tendres et dociles
Pour une poignée de rien
Elles se couchent comme des putains
Et j'aurais tort qu'on se le dise
D'laisser gâcher la marchandise

CHŒUR DE FEMMES

Madame a dit ci
Monsieur a dit ça
Et Mademoiselle
Faites ci et puis faites ça
Toute la journée
C'est notre agenda
Astiquer balayer
Pendant qu'ils font du gras

Les couloirs seront rutilants
Et l'antichambre s'ra époussetée
Les escaliers seront luisants
Et les cheminées ramonées
Les tapis seront impeccables
Et la vaisselle s'ra bien rangée
Quand Madame est insupportable
J'ai juste envie de la claquer.

Madame a dit ci
Monsieur a dit ça
Et Mademoiselle
Faites ci et puis faites ça
Toute la journée
C'est notre agenda
Nettoyer récurer
Pendant qu'ils font du gras

Les arbres seront bien taillés
Et la pelouse sera tondue
L'étang du parc s'ra récuré
Et la lessive s'ra étendue
Quand la vieille pionc'ra à la messe
Toutes les allées s'ront défeuillées
Mais si Monsieur me pince les fesses
Je m'gênr'ai pas pour le buter

Madame a dit ci
Monsieur a dit ça
Et Mademoiselle
Faites ci et puis faites ça
Toute la journée
C'est notre agenda
Epouss'ter faire briller
Pendant qu'ils font du gras

Le déjeuner sera fin prêt
Et quand viendra l'heure de midi
Ils se rempliront les gésiers
De poule au pot et de rôtis

Servis à table comme des altesses
Ils vont se gaver d'entremets
Si mad'moiselle fait sa princesse
Je vais lui claquer le beignet

(Au refrain)

EMILE ZOLA

M. Hennebeau était le directeur de la mine... Sa femme et lui avaient accueilli dans leur foyer leur neveu Negrel dont ils avaient fait un brillant ingénieur... Soumis aux directives de la compagnie, M. Hennebeau appliquait systématiquement les ordres qu'on lui intimait d'exécuter. Ainsi, cette menace sur les prix payés aux ouvriers pour les berlines et les amendes sur les boisages défectueux n'étaient pas issus de sa propre volonté mais de celle des actionnaires qui se moquaient fort bien du sort des mineurs...

Quant à Mme Hennebeau, elle s'ennuyait à mourir au logis... Négrel s'ennuyait dans ce foyer et dans cet emploi d'adjoint que lui avait imposé son oncle... Or, lorsque deux êtres s'ennuient, ils se réunissent forcément pour ne plus avoir à s'ennuyer seuls... Ainsi, au fil du temps et des années, l'un et l'autre étaient devenus amants même si, pour des questions d'argent et de succession, on avait conclu un mariage de raison entre Cécile Grégoire et le jeune Négrel...

Mme HENNEBEAU

Je ne suis pas de celles
Qui hurlent ô loup face aux hommes
Saintes nitouches ou demoiselles
Qui déglutiraient la pomme
Je me refuse à me suspendre
Au nœud coulissant du mariage
En restant des nuits à attendre
Que mon mari ait du courage

Je suis femme du monde
Immonde sans frein sans retenu
Brûlante de plaisir
Avide de désir
Je ne suis plus femme modèle
Fidèle transite de vertu
Mais celle qui se pâme devant un joli petit cul

Je ne suis pas de celles
Qui pleurent des heures dans un confessionnal
Dans le regret d'un peu de sel
Dans leur devoir conjugal
Je ne veux plus de contritions
De repentances et de confesses
En touchant des yeux Apollon
Ou le galbe d'une paire de fesses

Je suis femme du monde
Immonde sans frein sans retenu
Brûlante de plaisir
Avide de désir
Je ne suis plus femme modèle
Fidèle transite de vertu
Mais celle qui se pâme devant un joli petit cul

ACTE PREMIER – Scène 10
LA DUCASSE

EMILE ZOLA :
Etienne s'était installé au coron chez les Maheu…

Il s'était lié d'amitié avec un anarchiste solitaire venu de Russie, Souvarine qui estimait que le meilleur moyen de gagner l'égalité entre les classes était de tout détruire pour tout reconstruire...

Cependant, la colère montait peu à peu dans les corons... Les amendes pour boisages défectueux pleuvaient et la compagnie, sous l'impulsion de M. Hennebeau et de Négrel, avait pris la décision d'appliquer un nouveau tarif qui affaiblirait un peu plus les ouvriers de la mine... « Nous ne sommes pas des hommes si nous acceptons cela » avait crié Maheu en découvrant l'affiche...

Etienne, par le passé, avait fait la connaissance d'un dénommé Pluchard, un syndicaliste convaincu qui avait lutté sur les chantiers des chemins de fer... Au fil des jours, le jeune homme s'était convaincu qu'il était venu l'heure de se battre pour contrer des décisions devenues inacceptables.

Ce sursaut humain avait déjà séduit plusieurs ouvriers mais il fallait en convaincre davantage et surtout des plus influents comme Chaval qui détestait Etienne parce qu'il s'était rendu compte que Catherine s'était détournée de lui pour se rapprocher du jeune étranger...

En ce dimanche de Ducasse, le temps était venu de s'entendre pour créer une caisse de prévoyance qui devait devenir une caisse de résistance en cas de grève...

LE CHŒUR

Avec la bière on a les yeux qui brillent
On n'a pas l'estomac pour boire d'la camomille
Quand vient l'dimanche au milieu d'la grand' place
C'est toute la p'tite famille qui guinche à la Ducasse

On fait griller des saucisses
On fait une course en sac
On joue au cochon qui glisse
Puis on dépense au bric-à-brac

Qu'importe demain c'est aujourd'hui qui compte
Il s'ras toujours temps lundi de faire les comptes

C'est au pays des gueules noires
Qu'on s'amuse les jours de r'pos
Ça soulage le désespoir
Et ça met le cœur bien au chaud
Un cornet d'oublis et une bonne chope fraiche
Ça nous donne un coup de sang et ça fait oublier la dèche

(Avec un rythme de valse)

On fait griller des marrons
Et nos femmes sont heureuses
Le son de l'accordéon
Ca les rend plus malicieuses
Qu'importe demain c'est aujourd'hui qui compte
Il s'ras toujours temps lundi de faire les comptes

ACTE PREMIER – Scène 11
LA MOUQUETTE

LE CHŒUR
Oh qu'elle a du cœur
Et qu'elle a de la tête
Tout ce qui peut faire qu'une femme est chouette
Pas un sous en poche
Mais des kilos de bidoche
Qui débordent par-dessus ses petites jupettes
Un nez en trompette

Et de jolis genoux tordus
Elle joue de ses formes en passant dans la rue
Et puis le dimanche
Repos du citoyen
Elle finit la s'maine
Renversée dans une meule de foin

La Mouquette ne pense qu'à la chose
Elle propose et tu disposes
Quels que soient le jour et l'heure ou l'endroit
Dans un lit ou sur le gazon
Elle relève ses jupons
Pour tous les jolis garçons (2 fois)

Un cœur d'artichaut
Et des œillades de biche
Elle ne prend pas dix ans pour proposer ses miches
Que tu sois porion ou le dernier des galibots
Qu'importe la paye elle se retrouve sur le dos
Forte comme un homme
Quand elle va au charbon
C'est elle qui commande quand on est au fond
Et puis le dimanche
Repos du citoyen
Elle finit la s'maine
Renversée dans une meule de foin

La Mouquette ne pense qu'à la chose
Elle propose et tu disposes
Quels que soient le jour et l'heure ou l'endroit

Dans un lit ou sur le gazon
Elle relève ses jupons
Pour tous les jolis garçons (2 fois)

LE CHŒUR
(En contre chant)
La Mouquette ne pense qu'à la chose
Elle propose et toi tu disposes

LA MOUQUETTE
Moi je ne pense qu'à la chose
Je propose et ils disposent
Quels que soient le jour et l'heure ou l'endroit
Dans un lit ou sur le gazon
Je relève mes jupons
Pour tous les jolis garçons

ACTE PREMIER – Scène 12
LOIN DE LA

CATHERINE
Je suis victime des évidences
Enchaînée aux murs du coron
Je suis la fille d'un silence
Qui accepte sa condition
Je suis la sœur d'une souffrance
Vêtue de noir et de haillons
Qui assassina mon enfance
Sur les collines de charbon

Loin de là
J'aimerais qu'il m'emmène loin de là
Vers d'autres lieux d'autres rivages
Vers l'horizon sur une plage
Et donner me donner de l'amour
Mon amour

JEANLIN
Je suis le fils d'un pauvre corps
Courbé sous la voute des veines
Assailli par les coups du sort
A chaque jour suffit sa peine

ZACHARIE
Je suis le frère d'une blessure
Qui cicatrise sur du silence
Brisée par cette démesure
Dans une industrie de violence

Loin de là
J'aimerais m'enfuir loin de là
Vers d'autres lieux d'autres rivages
Vers l'horizon sur une plage
M'en aller me libérer pour toujours
Un beau jour

CECILE
Je suis la fille du pouvoir
L'exploitation de l'homme pour l'homme
Que l'on conduit à l'abattoir

Qui se dégrade que l'on assomme
Je suis la fille de l'argent
Que l'on étouffe dans du coton
Mariée de force par mes parents
Pour une noce de raison

Loin de là
J'aimerais m'enfuir loin de là
Vers d'autres lieux d'autres rivages
Vers l'horizon sur une plage
M'en aller me libérer pour toujours
Un beau jour

CATHERINE-JEANLIN-ZACHARIE-CECILE
Loin de là
J'aimerais m'enfuir loin de là
Vers d'autres lieux d'autres rivages
Vers l'horizon sur une plage
M'en aller me libérer pour toujours
Un beau jour
Un beau jour

ACTE PREMIER - Scène13
A CHACUN SON GLAIVE

EMILE ZOLA :

La grève menaçait... Il était terminé le temps où les hommes et les femmes des corons acceptaient les exigences nouvelles de la compagnie... Ils ne se plieraient pas à une nouvelle baisse de tarifs !

Etienne avait pris la tête du mouvement contestataire sous les yeux admiratifs de Catherine qui ne lui était pas indifférent... Cette situation nouvelle avait attisé la jalousie de Chaval qui avait alors forcé la jeune fille à le suivre chez lui et à s'opposer à la grève par dépit amoureux plus que par conviction... Chez les Maheu, c'était une paye en moins au foyer et Maheude avait violemment corrigé sa propre fille et maudissait Chaval qu'elle qualifiait déjà de traitre !
L'orage se levait lentement sur les fosses et le point culminant du conflit naissant devait alors se manifester à l'entrée de l'hiver...

LES HOMMES
Les conscrits du passé
Eclairent notre combat
Rousseau Marx et Voltaires
L'ont fait bien avant toi
C'est armé d'une plume
Qu'ils ont écrit l'histoire
Le stylo sur l'enclume
Contre le patronat

Dans un souffle nouveau
Nous marchons sur leurs traces
Le poing levé au ciel
Unis sous la menace
Politiques affaiblies
Par trop de cheveux blancs
Citoyens mes amis
Affutez vos slogans

LE CHOEUR
A chacun son glaive
A chacun ses armes
A chacun ses rêves
Et à chacun ses larmes
Un sang jeune et nouveau
Dans les veines de France
Le son d'un adagio
Le glas de l'allégeance

A chacun son glaive
A chacun ses espoirs
Des milliers de voix s'élèvent
Et balaient le pouvoir
Des faiseurs de misère
Soumis au capital
Des partisans de guerre
A l'instinct animal

LES HOMMES
Tous les murs du coron
Sont couverts de nos maux
Ce joli mois de mai
Se ferme comme un étau
Un pays étourdi
Par de vaines promesses
Des mineurs insoumis
Aux faiseurs de détresse

Montsou s'est levé
Et Jeanbart a suivi
Exalté de chang'ment
Résignés au conflit
Ouvriers de France
Sévères et résolus
Rassemblez les alliances
Contre les vieux barbus

LE CHOEUR
A chacun son glaive
A chacun ses armes
A chacun ses rêves
Et à chacun ses larmes
Un sang jeune et nouveau
Dans les veines de France
Le son d'un adagio
Le glas de l'allégeance

ACTE PREMIER - Scène 14
BRAS DE FER

LES HOMMES
Vous avez fait le choix de nous imposer
Un nouveau règlement qu'on ne peut accepter
La vie est si dure pour nous dans les corons
Si vous insister ça s'ra la Révolution

Vous avez fait le choix de nous voler un peu plus
Maint'nant est venue l'heure de sonner l'angélus

Si vous continuez à faire monter la fièvre
Au nom des ouvriers nous imposerons la grève

Qu'on me donne la chance
De m'en sortir
Qu'on me donne la chance
De voir mes enfants sourire

Bras de fer
La raison du plus fort
C'est la guerre
La liberté ou la mort
La dignité qui germe dans nos corps
Bras de fer
Sous le feu et le sang
C'est l'enfer
Un combat pour nos enfants
C'est une lame d'acier chauffée à blanc

M.HENNEBEAU
La compagnie s'inquiète pour votre sécurité
C'est à moi qu'il revient qu'elle soit assurée
Vous vendriez vos mères pour une berline de plus
Si vous résister ce sera le blocus

M.NEGREL
C'est à prendre ou à laisser vous n'avez plus le choix
Si vous voulez la guerre vous l'aurez cette fois
N'écoutez pas ces voix qui vous dévient du chemin
Nous vous le promettons vous crèverez de faim

Que l'on me donne la justice
Que l'on me donne du pain
Ne soyez plus les complices
Du capital assassin

Bras de fer
La raison du plus fort
C'est la guerre
La liberté ou la mort
La dignité qui germe dans nos corps
Bras de fer
Sous le feu et le sang
C'est l'enfer
Un combat pour nos enfants
C'est une lame d'acier chauffée à blanc

ACTE PREMIER - Scène 15
LA CROISEE DES CHEMINS

ETIENNE
Au nom du peuple ouvrier
Soumis docile opprimé
Mon frère ma sœur lève toi
Au nom de l'Homme au nom du droit
La mine doit être au mineur
Comme la mer est au pêcheur
Marche contre l'injustice sans avoir peur du sacrifice

LE CHOEUR
C'est une autre révolution
Qui sommeille dans le coron

Tout un peuple main dans la main
Sur la croisée des chemins

MAHEU
Au nom du peuple ouvrier
Soumis docile révolté
Redresse toi mon ami
Dans un second souffle de vie
A présent d'une seule voix
Il faut écarter les bourgeois
Qui s'abreuvaient de notre sueur
Et s'engraissait sur le malheur

LE CHOEUR
C'est une autre révolution
Qui sommeille dans le coron
Tout un peuple main dans la main
Sur la croisée des chemins

ETIENNE-MAHEU :
Au nom du peuple ouvrier
Je s'rai prêt à sacrifier
Ma mère la boisson les filles
Pour le bonheur de nos familles
Je donn'rais n'importe quoi
Pour qu'on respecte nos droits
Et je n'voudrais pas mourir
Sans défricher notre avenir

LE CHOEUR
C'est une autre révolution
Qui sommeille dans le coron
Tout un peuple main dans la main
Sur la croisée des chemins
Sur la croisée des chemins
Sur la croisée des chemins

ACTE PREMIER - Scène 15 (bis)
LA CROISEE DES CHEMINS

ACTE PREMIER - Scène 16
LA MORT DE MAHEU

LE CHOEUR
Requiem aeternam
Dominus deit

MAHEUDE
Vivre sous silence
Et avaler sa peine
Quand ton jour de chance
Devient de la déveine

Vivre sous silence
L'agonie d'une vie
L'angoisse de l'absence
La mort de mon mari

Vivre sous silence
La haine qui me foudroie

Vivre sous l'apparence
Du "tout va bien pour moi"

Vivre sous silence
Ma rage, mon envie de crier
Vivre la pénitence
De mon cœur, de mon cœur crucifié

ETIENNE
Vivre sous silence
Ma culpabilité
Mon orgueil, ma suffisance
Mes excès ma vanité

Vivre sous silence
Le poids des regrets
Face à la sentence
A la chute du couperet

Vivre sous silence
Mon échec en devenir
Dans cette souffrance
Avivé par son souvenir

Vivre sous silence
Ma haine, mon envie de tuer
Equilibrer la balance
D'un monde à reformer

FIN DU PREMIER ACTE

ACTE DEUXIEME

CECILE – UNE FEMME
Où va le monde
Quand tout s'effondre autour de nous
Quand la terre tremble
Que l'on n'a plus rien à attendre

Où va le monde
Quand tout s'effondre autour de moi
Quand le tonnerre gronde
Et que j'ai perdu la foi

LE CHOEUR
Nous avons refermé les portes des églises
Quand ils ont piétiné nos cœurs sous nos chemises
Quand ils ont fusillé nos dernières lueurs
Quand ils ont négligé le pouvoir des fleurs

CECILE – UNE FEMME
Où va le monde
Quand tout s'écroule autour de moi
Quand on fait feu sur les foules
Quand la haine se déploie

Où va le monde
Quand tout s'effondre autour de nous
Quand l'innocence est fauchée
Et l'équité humiliée

LES FEMMES :
Nous avons refermé les portes des églises
Quand ils ont piétiné nos cœurs sous nos chemises
Quand ils ont fusillé nos dernières lueurs
Quand ils ont négligé le pouvoir des fleurs

LES HOMMES :
Nous avons refoulé nos justes prétentions
Quand ils ont étranglé notre révolution
La poudre se mélange dans les larmes et le sang
La justice est viciée par le pouvoir et l'argent

LE CHOEUR
Nous avons refermé les portes des églises
Quand ils ont piétiné nos cœurs sous nos chemises
Quand ils ont fusillé nos dernières lueurs
Quand ils ont négligé le pouvoir des fleurs

ACTE II - Scène 2
LES BAS FONDS DE L'AMOUR

EMILE ZOLA
La grève était un échec...
Avec la mort de Maheu et de la Mouquette, les camarades ne souhaitaient
plus risquer leur vie pour un combat qu'ils estimaient dès lors perdu... La

compagnie avait riposté en engageant des mineurs venus de Belgique pour prendre leur place et il n'était pas question de les laisser se saisir de leur pain.

Les relations entre Etienne et Chaval étaient passées de l'indifférence à la jalousie et de la jalousie à la haine… Quant à M. Hennebeau, dépassé par les évènements, il avait deviné l'infidélité de sa femme et la trahison de son propre neveu Négrel… Le mariage entre Négrel et Cécile avait donc été convenu entre les deux amants pour que le couple adultère puisse continuer à se voir et à le trahir…

Le monde était bel et bien en train de s'écrouler…

CHAVAL

Je sais qu'ils disent de moi
Que j'ai la haine dans le sang
Mais quand je rentre chez moi
Dans la dérive de mes sentiments
Je verse les larmes que j'ai cachées
Je baisse les armes sur le pavé
Et je me livre à la souffrance

Deux hommes à aimer la même femme
C'est l'un des deux que l'on condamne
A souffrir en silence
Dans le quotidien de l'absence
C'est se jouer une comédie
Une insondable hypocrisie
C'est s'enfermer de jour en jour
Dans les bas-fonds de l'amour

M. HENNEBEAU :
Je sais qu'ils disent de moi
Que j'aime l'argent le pouvoir
Seul'ment au fond de moi
Il n'y a rien d'autre qu'un puit de désespoir
Une femme volage qui me parjure
Un manque de courage face à la souillure
Et je me livre à la torture

(Au refrain)

ETIENNE
Je sais qu'ils disent de moi
Que j'ai la haine dans la peau
Mais quand le vin se boit
C'est un verre vide qui reste sur le carreau
Fragile et pur comme le cristal
Dans la démesure du sentimental
L'indifférence m'est fatale

(Au refrain)

ACTE II - Scène 3
NI DIEU NI MAITRE

SOUVARINE
J'ai vu la haine et la déchéance
Nature humaine depuis mon enfance
La terre est empoisonnée
Les hommes l'ont écartelée
Sans remord et sans pitié

46

Ma terre ma Russie
Je vous ai laissées
Jeté et banni au prix de mes idées
Je cherchais à être heureux
Un père, un homme amoureux
J'ai échoué je n'peux plus croire en Dieu

Ni Dieu ni maître
C'est la seule religion que j'accepte
Le cri du peuple opprimé qui demain va se relever
Prendre la terre au creux de mes mains
Et la faire éclater sous mon poing

A mort les bourgeois credo socialiste
Sans foi et sans loi faites place aux anarchistes
Je purifierai par le feu
Un monde devenu trop vieux
Dès demain je serai le bras de Dieu

Parlé
Allumez le feu aux quatre coins des villes
Fauchez les peuples !
Rasez tout !
Et quand il ne restera plus rien de ce monde pourri
Peut-être en repoussera-t-il un meilleur.
Vous serez tous fauchés, culbutés, jetés à la pourriture.
Il naîtra celui qui anéantira votre race de poltrons et de jouisseurs.
Et tenez! Vous voyez mes mains? Si mes mains le pouvaient, elles
prendraient la terre comme ça.
Elle la secouerait jusqu'à la casser en miettes.
Pour que vous restiez tous sous les décombres.

Ni Dieu ni maître
C'est la seule religion que j'accepte
Le cri du peuple opprimé qui demain va se relever
Prendre la terre au creux de mes mains
Et la faire éclater sous mon poing

Ni Dieu ni maître
C'est la seule religion que j'accepte
Le cri du peuple opprimé qui demain va se relever
Prendre la terre au creux de mes mains
Et la faire éclater sous mon poing
Ni Dieu ni maitre

ACTE II - Scène 4
POUR EN ARRIVER LA

EMILE ZOLA :
Seul Souvarine était allé au bout du combat...
Décidé à faire plier le capital qu'il rejetait, l'anarchiste avait saboté le système mécanique de la fosse... Tout allait s'écrouler sous le poids de tonnes d'eau qui devait s'abattre sur les mineurs qui avaient accepté de reprendre le travail.
Etienne avait échappé aux gendarmes en se cachant aidé par le jeune Jeanlin qui semblait être le seul à croire en lui...
Pour la première fois, le jeune homme était résigné à reprendre le travail. Après la mort de Maheu il se sentait redevable et devait absolument soutenir par sa paye la veuve Maheude...
Tout ça n'avait servi à rien...

ETIENNE :
Avais-je le choix de ne pas bouger
Avais-je le droit de les laisser s'écrouler
Prisonniers du silence dociles et soumis
Sans une autre existence et d'en payer le prix

Avais-je le droit d'étouffer ma colère
Avais-je le droit de les laisser dans ce désert
Résignés bâillonnés sous le joug de l'argent
Mineurs écartelés sages et obéissants

Pour en arriver là au nom du peuple ouvrier
J'ai porté une croix qu'ils ont jetée au bûcher
Pour en arriver là j'ai monnayé ma vie
Pour un combat perdu d'avance
Le coup de dés de l'arrogance
Avais-je le choix de rester impassible
Avais-je le droit de n'pas tenter l'impossible
Face à ceux qui se plient aux lois du capital
Dans un asservissement qui défie la morale

Avais-je le choix de garder le silence
Avais-je le droit de m'emmurer dans l'absence
Le corps excité par la sève de justice
Investi par les vagues rouges conjuratrices

Dites-moi qui serait resté indifférent
Face aux larmes noires aux cœurs serrés
De ces pauvres enfants
Que celui que cette cause indiffère
Que celui-là seulement me jette la première pierre

Pour en arriver là au nom du peuple ouvrier
J'ai porté une croix qu'ils ont jetée au bûcher
Pour en arriver là j'ai monnayé ma vie
Pour un combat perdu d'avance
Le coup de dés de l'arrogance

Pour en arriver là !

ACTE II – Scène 4 bis
LE PIEGE

ACTE II - Scène 5
EST-CE QUE CA FAIT MAL ?

JEANLIN
Est-ce que ça fait mal
De l'autre côté du miroir ?
Est-ce que j'aurai mal
Tout au bout de ce long couloir ?
Lorsque j'atteindrai
Cette lumière qui brille au loin
Lorsque je serai
Tout au bout de ce long chemin

MAHEU
Ce n'est rien
Qu'un petit seuil à franchir
Une porte légère à ouvrir
Sur un si joli jardin
Ce n'est rien

Qu'un souffle frais sur la peau
Un rayon de lune en cadeau
Pour un nouveau destin
Ce n'est rien
Qu'une frontière à passer
Lorsque tes yeux se sont fermés
Sur ce monde assassin

JEANLIN
Est-ce que ça fait mal
De l'autre côté du chemin
Est-ce que j'aurai mal ?
Quand pour moi ce sera la fin
Est-ce que ça fait peur
Lorsque la vie s'endort ?
Quand on ne sent plus la douleur ?
Quand le cœur s'éteint dans le corps ?

MAHEU
Ce n'est rien
Qu'un petit scuil à franchir
Une porte légère à ouvrir
Sur un si joli jardin
Ce n'est rien
Qu'un souffle frais sur la peau
Un rayon de lune en cadeau
Pour un nouveau destin
Ce n'est rien
Qu'une frontière à passer
Lorsque tes yeux se sont fermés
Sur ce monde assassin

MAHEU
Je te tiendrai la main
A l'instant du passage
Viens à la porte de ce jardin
Déchire la dernière page
Mon fils mon enfant
Ma chair et mon sang
Nous sommes à la veille
Du repos éternel

ACTE II - Scène 6
SERAS-TU-LA ?

Je t'attendrai toutes les nuits
Que tu sois mort ou bien vivant
Je te le jure sur ma vie
Je t'attendrai jusqu'à la fin des temps

Je t'attendrai sur le carreau
Blottie, serrée près d'un grand feu
Qui réchauff'ra ma vieille peau
Et suspendra le temps des amoureux

Seras-tu là au petit matin
Seras-tu là pour me tendre la main
Seras-tu là pour me faire oublier
Seras-tu là pour tout recommencer

Je t'attendrai ici chaque jour
Les doigts serrés sur mon alliance
Je veillerai jusqu'à ton retour
Je patient'rai jusqu'à la résilience

Je t'attendrai toutes les heures
Le cœur desséché de chagrin
Je t'attendrai aux dernières lueurs
Puis je maudirai le clan des assassins

Seras-tu là au petit matin
Seras-tu là pour me tendre la main
Seras-tu là pour me faire oublier
Seras-tu là pour tout recommencer

Je serai là à l'aube de ce jour
Je serai là je t'attends mon amour
Je serai là pour veiller sur toi
Je serai là tu ne reviendras pas

ACTE II - Scène 7
DE L'OMBRE A LA LUMIERE

CATHERINE
De l'ombre à la lumière
Il n'y avait qu'un pas
Et je rejoins mon frère
Puis je meurs dans tes bras
Mon âme se givre
Et la nuit devient jour
Je referme le livre
D'une triste histoire d'amour
Qui s'est nourrie de tes silences
Qui a souffert de ton absence
Qui n'a pas vécu

ETIENNE
De l'ombre à la lumière
Il n'y avait que toi
Innocente prisonnière
Je ne t'espérais pas
C'est la mort qui te délivre
De cet univers de sourds
Tu refermes le livre
Sur une triste histoire d'amour
Qui s'est nourrie de mes silences
Qui a souffert de mes absences
Je ne suis pas venu

CATHERINE (en contre chant) :
Ne me laisse pas
Partir loin de toi
J'ai peur de la mort
Sers-moi fort
C'est la mort qui me délivre
Et la nuit devient jour
J'ai refermé le livre
Sur une triste histoire d'amour
Qui s'est nourrie de mes silences
Qui a souffert de tes absences
Tu n'es pas venu

LES FANTOMES DE DESILLUSION

MAHEUDE
J'avais promis à chacun des miens
Que si jamais il redescendait
Je l'étranglerais de mes mains
Devrais-je alors pour c'là m'étrangler
J'lis dans tes yeux j'lis dans ton âme
Et je sais lire dans tes pensées
Mais dis-toi bien qu'je n'suis qu'une femme
Qui n'a plus d'raison de résister

T'avais promis à chacun des miens
Plus de justice et de liberté
Un nouveau jour dans ce quotidien
Mais cette grève les a étouffés
J'lis dans ton cœur j'lis dans ton âme
Et je t'ai déjà pardonné
Tout le mal fait aux camarades
Que la chance a laissé tomber

Redescendre toujours plus profond
Pour les fantômes de désillusion
Rien n'a changé ne changera
Vivre enterrés comme des rats
De jour en jour de deuil en deuil
La mine sera mon cercueil

ETIENNE
J'avais semé en chacun de vous
Plus de justice et de liberté
Je n'ai récolté que des cailloux
Et le fiel de mes frères ouvriers
C'n'était pas l'jour c'n'était pas l'heure
Mais c'qui est semé est semé
Dans un mois un an nos erreurs
Feront germer la liberté

MAHEUDE
J'avais promis à chacun des miens
Que si jamais il redescendait
Je l'étranglerais de mes mains
Devrais-je alors pour c'là m'étrangler
J'lis dans tes yeux j'lis dans ton âme
Et je sais lire dans tes pensées
Mais dis-toi bien qu'je n'suis qu'une femme
Qui n'a plus d'raison de résister

ETIENNE (en contre chant)
C'n'était pas l'heure le jour ni l'endroit
Où le patronat respectera les lois
J'lis dans tes yeux j'lis dans ton âme
Et je sais lire dans tes pensées
Mais dis-toi bien que cette flamme
N'a pas terminé de brûler
(Au refrain)

MAHEUDE (parlé) : Adieu Etienne… Adieu.

EMILE ZOLA

Sous ses pieds, les coups profonds, les coups obstinés des rivelaines continuaient. Les camarades étaient tous là, il les entendait le suivre à chaque enjambée. N'était-ce pas la Maheude, sous cette pièce de betteraves, l'échine cassée, dont le souffle montait si rauque, accompagné par le ronflement du ventilateur? A gauche, à droite, plus loin, il croyait en reconnaître d'autres, sous les blés, les haies vives, les jeunes arbres. Maintenant, en plein ciel, le soleil d'avril rayonnait dans sa gloire, échauffant la terre qui enfantait. Du flanc nourricier jaillissait la vie, les bourgeons crevaient en feuilles vertes, les champs tressaillaient de la poussée des herbes. De toutes parts, des graines se gonflaient, s'allongeaient, gerçaient la plaine, travaillées d'un besoin de chaleur et de lumière. Un débordement de sève coulait avec des voix chuchotantes, le bruit des germes s'épandait en un grand baiser. Encore, encore, de plus en plus distinctement, comme s'ils se fussent rapprochés du sol, les camarades tapaient. Aux rayons enflammés de l'astre, par cette matinée de jeunesse, c'était de cette rumeur que la campagne était grosse. Des hommes poussaient, une armée noire, vengeresse, qui germait lentement dans les sillons, grandissant pour les récoltes du siècle futur, et dont la germination allait faire bientôt éclater la terre.

ACTE II - Scène 9
TANT QUE LA TERRE

MAHEUDE
Tant que la terre portera l'enfant

CATHERINE
Tant que du lit des rivières naîtra l'océan

JEANLIN & MAHEU
Nous serons là pour veiller sur l'avenir

ZACHARIE & ETIENNE
Nous serons là sur la pierre du souvenir

ETIENNE
Tant que le blé sortira de terre

MAHEU
Tant que le printemps succédera à l'hiver

TOUS LES SOLISTES
Tant que de la vie naîtront des espoirs

MAHEU-MAHEUDE-ETIENNE
Tant que nous vivrons dans votre mémoire

TOUS LES SOLISTES
Après la fin d'un combat animal
Reviendra Germinal

LE CHŒUR
Après nous viendront nos fils et nous vivrons de passion
D'autres voix du sacrifice sur un air d'accordéon
De l'Europe à l'Afrique aux frontières du Bengale
On dans'ra sur une musique qui s'appelait Germinal

TOUS LES SOLISTES :
Tant que la terre portera l'enfant
Tant que du lit des rivières naîtra l'océan
Nous serons là pour veiller sur l'avenir
Nous serons là sur la pierre du souvenir
Oh tant que le blé sortira de terre

Tant que le printemps succédera à l'hiver
Tant que de la vie naîtront des espoirs
Tant que nous vivrons dans votre mémoire

Après la fin d'un combat animal
Reviendra Germinal
Germinal

Germinal

CASTING DE LA CREATION ORIGINALE
Samedi 23 septembre 2017

Etienne LANTIER	Pascal DEZALAIS
Maheu	Michaël PLACIER
La Maheude	Delphine DALLIER
Zacharie	Enzo CHARPENTIER
Jeanlin	Charly BENAUD
Catherine	Zoéline BEQUIN
M. HENNEAU	Thierry ROUSSEAU
Mme HENNEBEAU	Nathalie FEVRIER
M. NEGREL	Laurent PLACIER
Mme GREGOIRE	Roselyne CHAUVEL
Cécile GREGOIRE	Mallory PELLIER
MAIGRAT	Stéphane PLACIER
SOUVARINE	Vincent RINCHE
LA MOUQUETTE	Isabelle AGIN
M. DANSEART	Loïc MARTINEAU
CHAVAL	Loïc GOUTARD
Emile ZOLA	William FOSSE

LES CHŒURS
(Par ordre alphabétique)

Aurore BELLANGER
Valérie BUCHET
Mylène COULBEAU
Sandrine DELCOUR
Daniel GARREAU
Claire GERMAIN
Elisabeth GRISON
Christine JARRY
Fabienne LABRETTE-MENAGER
Flavie LE CLECH
Sophie LEMAITRE
Stéphanie PELLIER
Ludivine PITARD
Patrick RENAULT
Sylvie SIMON
Vanille SIMON
Sylvie SOUTY
Marie-Christine TANT
Marie-Claude TROCHERIE

EQUIPE TECHNIQUE
DECORS

Daniel GARREAU
Josy GARREAU
André BRETON
Alain QUILLET
Jean-Pierre BELLANGER
Jean-Marie GARREAU
Loïc GOUTARD
Gilles JARRY
Pascal CHAUVEL
Pascal DEZALAIS
Nathalie FEVRIER
Stéphane PLACIER
Christophe PELLIER
Stéphanie PELLIER
Patrick RENAULT
Marie-Christine TANT

SONORISATION

Christophe PELLIER
Bruno BELLANGER

LUMIERES

Gilles JARRY
Daniel GARREAU
Jean-Pierre BELLANGER

ADMINISTRATION

Françoise DEBONNAIRE
Didier DEBONNAIRE

www.ingramcontent.com/pod-product-compliance
Lightning Source LLC
Chambersburg PA
CBHW061216180526
45170CB00003B/1027